AF359854

LE CARNAVAL

ET

LA FOLIE,

COMÉDIE-BALLET,

REPRÉSENTÉE
PAR L'ACADÉMIE ROYALE
DE MUSIQUE,
POUR LA PREMIERE FOIS

Le trois Janvier 1704.
Remise au Théâtre,

Le seize May 1719.   Le treize Juillet 1730.
Le sept Août 1738.   Le onze Juin 1748.
Et le Mardi 24 Juin 1755.

PRIX XXX SOLS.

AUX DÉPENS DE L'ACADÉMIE.

A PARIS, Chez la V. Delormel & Fils, Imprimeur de
l'Académie, rue du Foin, à l'Image Ste. Geneviéve.
On trouvera des Livres de Paroles à la Salle de l'Opéra.

M. DCC. LV.

AVEC APPROBATION ET PRIVILEGE DU ROY.

Les Paroles de feu Monsieur *DE LA MOTTE*.

La Musique de feu Monsieur *DESTOUCHES*.

ACTEURS CHANTANS.

Dans les Chœurs.

CÔTE' DU ROI.   CÔTE' DE LA REINE.

Mesdemoiselles. *Messieurs.*   *Mesdemoiselles.* *Messieurs.*

Larcher.	Lefebvre.	Rollet.	S. Martin.
Cazeau.	Le Page. C.	Daliere.	Gratin.
LeTourneur	Larivée.	Masson.	Le Mesle.
La Croix.	Le Roy.	Gondré.	Pinart.
Sallaville.	Vallet.	Héry.	Albert.
Gaultier.	Selle.	Adelaïde.	Chapotin.
	Roze.	Lachanterie	Favier.
De S. Hilaire.	Robin.		Feret.
Edmée.	Antheàume	Dauger.	Du Perrier.
Vanhoff.	Parent.	Beyssac.	Laurent.
		Dubois c.	Louatron.

A ij

ACTEURS DU PROLOGUE.

JUPITER,	M^r. Person.
VENUS,	Mlle Davaux.
MOMUS,	Mr Gelin.
MERCURE,	M^r De la Tour.

LES DIEUX & LES DÉESSES.

PERSONNAGES DANSANS.

LES GRACES.

Mlles Chevrier, Coupée, Himblot.

JEUX & PLAISIRS.

Mlle CARVILLE.

Mr HYACINTE.

Mrs Beat, Dupré f., Trupty, Lochery.

Mlles Chomar, Sauvage, Morel, Deschamps.

PROLOGUE.

*Le Théâtre repréfente les Cieux, où les Dieux font
en feftin.*

SCENE PREMIERE.

JUPITER ET VENUS, alternativement
avec le CHŒUR, *en fe faifant fervir le nectar.*

QU'A nos vœux ici tout réponde :
Verfez-nous, verfez-nous la célefte li-
queur.
Verfez, que le nectar enchante notre cœur,
Qu'il y porte une paix profonde.

JUPITER.

C'eft affez de nectar ; Amour, viens par tes feux,
Achever de nous rendre heureux.

PROLOGUE.

MOMUS à JUPITER.

Ne vous faites point violence :
Junon eſt encor à Samos,
Profitez bien de ſon abſence.

JUPITER.

Téméraire Momus, laiſſe nous en repos.

Que l'on chante ici, que l'on danſe,
Livrons-nous à tous nos déſirs ;
Sur notre puiſſance
Reglons nos plaiſirs.

On danſe.

VENUS.

Regnez, Amour, regnez, raſſemblez vos attraits ;
Triomphez, ſur nos cœurs étendez votre empire.

CHŒUR.

Triomphez, ſur nos cœurs étendez votre empire.

VENUS & JUPITER.

Mais, qu'à ſon gré, chacun ſoupire ;
Laiſſez-nous le choix de vos traits.

LE CHŒUR.

Triomphez, ſur nos cœurs étendez votre empire.

On danſe.

VENUS.

Dieu d'amour, reſerve-nous tes charmes,
C'eſt pour nos cœurs que tes plaiſirs ſont faits ;

Fais-nous fans allarmes,
Goûter leurs attraits.

Doux momens
Doux tranfports des amans,
Ne pouvez-nous naître
Qu'après les tourmens ?
Aimons-tous,
Tendre Amour, bleffe-nous :
Qui peut craindre pour maître
Un vainqueur fi doux ?
Tes biens trop aimables
Sont trop peu durables,
Fixe-les pour nous.

On danfe.

VENUS alternativement avec le Chœur des Déesses.

Viens Amour, avec tous tes charmes ;
Que les jeux viennent fur tes pas,
Nous aimons tes douces allarmes,
Tes chaînes, tes feux font remplis d'appas ;
Prend tes traits, prépare tes armes,
Et viens te venger des cœurs qui n'aiment pas.

On danfe.

SCENE II.

MERCURE, & les acteurs de la Scene précédente.

MERCURE.

Quittez, quittez ces jeux, en faveur de l'A-
mour ;
Que de nouveaux soins les suspendent ;
Dans un moins superbe séjour,
De plus doux plaisirs vous attendent.

J'ai volé, j'ai servi vos feux,
Et mille charmantes mortelles
N'aspirent qu'au moment heureux
De vous voir soupirer près d'elles.

MOMUS aux Dieux.

Suivez, suivez Mercure, abandonnez les cieux.
Livrez-vous aux plaisirs; qu'envain la gloire gronde,
L'Amour est un plus digne objet.
Aimez, Il est un Roi qui prend le soin du monde,
Profitez du loisir qu'un mortel vous a fait.

JUPITER.

De tes ris outrageans, c'est trop souffrir l'injure,
Cesse, Momus, de troubler nos désirs.

Fui,

Fui, va chez les mortels exercer ta cenfure ,
Et laiffe ici les Dieux maîtres de leurs plaifirs.

M O M U S.

Le Deftin m'a foumis au Maître du tonnerre ,
J'obéis à fes loix, & je vous quitte tous :
Mais, j'efpere bien-tôt vous revoir fur la terre ,
Sous des formes dignes de vous.

LE CHŒUR DES DIEUX.

Allez Amours, conduifez-nous ;
Sous divers changemens, trompons les yeux jaloux.

FIN DU PROLOGUE.

ACTEURS DU BALLET.

PLUTUS, *Dieu des richesses.* Mr Poirier.

LA JEUNESSE.   Mlle Jacquet.

LA FOLIE, *fille de* PLUTUS

   & de la JEUNESSE.   Mlle Chevalier,

LE CARNAVAL.   Mr de Chaffé.

MOMUS.   Mr Gelin.

Suite de PLUTUS *& de la* JEUNESSE.

LE CHEF DES MATELOTS. Mr Scelle.

MATELOTS.

LE PROFESSEUR DE FOLIE.   Mr De la Tour,

UN MUSICIEN ÉCOLIER.   Mr Pillot.

UN POETE.   Mr Scelle.

LE FLEUVE LÉTHÉ.

UNE PERSONNE DE LA FESTE. Mlle Davaux.

JUPITER.

VENUS.

BACCHUS.

MERCURE.

PEUPLES DIVERS MASQUÉS.

PERSONNAGES DANSANS.

PREMIER ACTE.

SUIVANTS DE PLUTUS.

Mr LAVAL.

Mrs Feuillade, Dupré f., Dubois, Desplaces,
Henry , Bertrin ,

SUIVANTS DE LA JEUNESSE.

Mlle PUVIGNÉE.

Mr BEAT. Mlle REIX.

Mlles Courcelle , Dumirey , Morel, Couppé,
Himblot, Fleury.

SECOND ACTE.

MATELOTS.

Mr LANY,

Mr BEAT , Mlle DUMIREY.

Mlle LANY.

Mrs, Feuillade, Lochery, Trupty , Galodier.
Mlles Chevrier , Sauvage , Ponchon , Chomar.

TROISIÉME ACTE.
METASSINS.

Mlle P U V I G N É E.

Mrs Trupty, Dupré p. , Dupré f. , Henry.

Mlles Courcelle , Sauvage, Deschamps, Fleury.

E C O L I E R S.

Espagnols. { Mr Dubois.   Mlle Himblot.
{ Mr Locheri.   Mlle Coupée.

SUIVANTS DE LA FOLIE.

Polichinel. Mr Hyacinthe. *Colombine.* Mlle Chevrier.
Arlequin. Mr Beat.   *Arlequine.* Mlle Reix.
Mézetin. Mr Gallini.   *Mézetine.* Mlle Riquet.
Pantalon. Mr Lelievre. *Vénitienne.* Mlle Ponchon.

QUATRIÉME ACTE.
PEUPLES DIVERS MASQUÉS.

Mrs LANY, LYONNOIS, LAVAL, HYACINTHE.

Mlles LANY, LYONNOIS.

Mrs Desplaces, Dubois.   Mlles Fleury, Ponchon.
Mrs Bertrin , Trupty.   Mlles Sauvage, Morel.
Mrs Henri, Dupré f.   Mlles Chomar, Deschamps.
Mrs Galodié, Locheri.   Mlles Dumirey, Riquet.

LE CARNAVAL

ET

LA FOLIE,

ACTE PREMIER.

Le Théâtre repréfente un Bois fleuri, confacré
A LA JEUNESSE.

SCENE PREMIERE.

LE CARNAVAL.

BACCHUS, laiffe-moi foupirer ;
Amour, laiffe-moi boire.

Mon cœur entre vos mains fe plaît à
fe livrer.

Entre vous-deux, partagez la victoire.

De tendreffe & de vin je me veux ennyvrer ;
L'Amour fait mes plaifirs, & Bacchus fait ma gloire.
Bacchus, laiffe-moi foupirer ;
Amour, laiffe-moi boire.

SCENE II.

LE CARNAVAL, MOMUS.

M O M U S.

Tu vois l'objet de la haine des Dieux,
Dans le cenfeur de leur caprice.
Ils m'ont banni du ciel, & le maître des cieux ,
Veut jouir en paix de fes vices.
C'eft toi déformais que je fers ;
Souffre que fur tes pas pour jamais je m'engage ;
Et que du nectar que je perds ,
Ton vin charmant me dédomage.

E N S E M B L E.

Que {mes} {tes} biens déformais foient communs entre-nous ;
Qu'à jamais l'amitié nous lie.

L E   C A R N A V A L.

Pour commencer des nœuds fi doux ,
Ecoute, c'eft à toi que mon cœur fe confie.

Tu vois ce féjour enchanté ;
Le repos regne fur ces rives ;
L'abondance y nourrit la molle volupté ;
Du rocher que tu vois , le paifible Léthé
Répand jufqu'aux enfers fes ondes fugitives ;
Plutus & la Jeuneffe en ce charmant féjour ,
Goûtent un fort exempt de peines :
Dès longs-temps le fidele Amour
Les a liez de fes plus douces chaînes ,
Et l'aimable Folie en a reçû le jour.

M O M U S.

Quoi? Quel fecret enfin doit fuivre cette image ?

LE CARNAVAL.

Cher Momus , la Folie eft l'objet qui m'engage.

M O M U S en riant.

Que votre choix eft beau ! Que vos liens font doux !
Vous ne pouviez trouver de maîtreffe plus belle :
Elle feule eft digne de vous ,
Et vous feul êtes digne d'elle.

LE CARNAVAL.

Tel fe mocque de mes ardeurs ,
Qui fuit fes loix fans la connoître ;
Par des charmes fecrets elle enchante les cœurs ,
Et j'ai mille rivaux qui ne penfent pas l'être.

M O M U S.

Malgré tous vos rivaux, l'Amour doit réunir
Deux cœurs où le Deſtin mit tant de reſſemblance;
Trop digne de la préference,
Vous êtes ſur de l'obtenir.

LE CARNAVAL.

Momus, je ſuis aimé de l'objet qui me bleſſe.
Et l'hymen va bien-tôt, par ſes aimables nœuds,
Achever de me rendre heureux,
Si j'y fais conſentir Plutus & la Jeuneſſe.

On entend une ſimphonie.

Mais, ils viennent au bruit de ces concerts charmans,
Le tems n'affoiblit point leur flâme:
Il ſemble que l'Amour lance à tous les momens
Quelque trait nouveau dans leur ame.

SCENE

SCENE III.
PLUTUS, LA JEUNESSE, MOMUS, LE CARNAVAL.

PLUTUS.

Jeuneſſe brillante,
Tous les plaiſirs ſuivent vos pas ;
Sans vous rien ne contente ;
Vous donnez à tout mille appas :
Il n'eſt point dans les cieux de Déeſſes ſi belles.

Le charme de la nouveauté
Accompagne toujours vos graces immorteiles ;
Vous êtes la ſeule Beauté
Qui peut faire des cœurs fideles.

LA JEUNESSE.

Aimable Dieu, de qui la main diſpenſe
Ce qui rend les mortels heureux ;
Votre vaſte puiſſance
Réunit pour vous tous les vœux :
En vous cherchant, la peine devient chere ;
On ſe fait de vous voir le plus charmant plaiſir :
Le bonheur même de vous plaire
En irrite encor le déſir.

C

PLUTUS ET LA JEUNESSE.

Amour, de notre flâme accrois la violence ;
Vole, viens refferrer nos nœuds :
Pour le prix de notre conftance,
Nous ne voulons qu'être plus amoureux.

PLUTUS.

Que tout vous parle ici de l'ardeur qui m'enchante,
Déeffe, voyez en ces lieux
S'élever à ma voix puiffante,
Un palais digne de vos yeux.

Le Théâtre change, & repréfente le Palais de PLUTUS.

PLUTUS.

Vous qui fuivez mes pas, fervez l'amour extrême,
Où mon cœur s'eft abandonné ;
Apportés tous les biens que le fort m'a donné,
Aux pieds de la beauté que j'aime.

On danfe.

SCENE IV.

LA FOLIE, & les Acteurs de la Scene
précédente.

LA FOLIE.

CEssez, Jeux indiscrets, où manquoit la Folie ;
Qu'ici tout se taise à ma voix.

Je ne veux point souffrir de fête où l'on m'oublie,
Et l'on ne doit ici rire que sous mes loix.

PLUTUS ET LA JEUNESSE.

Quoi ! Vous osez...

LA FOLIE.

Envain ce discours vous offense.
Je dois la vie à votre amour,
Mais ne me croyés pas sous votre obéissance.
L'honneur de m'avoir mise au jour,
Vous paye assez de ma naissance ;
Abandonnez cette isle, ou m'y laissez régner.

PLUTUS ET LA JEUNESSE.

Hé-bien, il faut céder à votre violence ;
Puisque de vous guérir nous perdons l'esperance,
Il est tems de nous éloigner.

L A   F O L I E.

Demeurez, il suffit de votre obéissance.

Que votre régne recommence ;
Revenez, doux plaisirs, plaisirs, revenez-tous ;
Mais revenez encor plus doux ;
Vous languissiez sans moi ; brillez par ma présence.

L A   F O L I E,   L E   C A R N A V A L,
ET   LE   C H Œ U R.

Chantons : du Dieu de l'Or célébrons les appas ;
Chantons la Jeunesse & ses charmes.

Une partie du   C H Œ U R.

Tous les cœurs lui rendent les armes.

L'A U T R E   P A R T I E.

Tous les cœurs volent sur ses pas.

L E S   P R E M I E R S.

Pour meriter son secours favorable,
On brave la fureur & des vents & des mers.

L A   F O L I E   E T   L E   C A R N A V A L.

Elle seule embellit les plus affreux déserts ;
Et sans elle, il n'est point de séjour agréable

L E S   C H Œ U R S   E T   L A   F O L I E.

Non, non, tout l'Univers
N'a rien de plus aimable.

On danse.

LA FOLIE.

Souffrez que l'Amour vous lie,
Jeunes cœurs , cédez à ses feux :
Sans l'Amour & la Folie ,
Il n'est point de momens heureux.

L'Amour m'a prêté ses armes ,
C'est à moi de lancer ses traits :
Que les plaisirs ont de charmes !
Ses rigueurs même ont des attraits.

Souffrez que l'Amour vous lie ,
Jeunes cœurs, cédez à ses feux :
Sans l'Amour & la Folie ,
Il n'est point de momens heureux.

Suivez une erreur charmante ,
Jouissez d'un bonheur constant ;
La tendre Folie enchante ,
La Sagesse en fait-elle autant ?

Souffrez que l'Amour vous lie ,
Jeunes cœurs, cédez à ses feux :
Sans l'Amour & la Folie ,
Il n'est point de momens heureux.

On danse.

CHŒUR.

Au Dieu d'amour livrez votre ame ,
Le plaisir naît de ses ardeurs ;

Qu'il triomphe, qu'il vous enflâme,
Qu'il enchaîne à jamais vos cœurs.

LE CARNAVAL, à PLUTUS,
& à LA JEUNESSE.

Vous voyez, Dieux charmans, la Déeſſe que j'aime
C'eſt à vous de régler ſes vœux ;
Elle daigne répondre à ma tendreſſe extrème,
Conſentez que l'himen nous uniſſe tous deux.

PLUTUS ET LA JEUNESSE.

Tout flate vos déſirs, nous approuvons vos feux.

LA FOLIE ſort.

LE CARNAVAL.

Belle Déeſſe... O ciel ! Elle a quitté ces lieux !
De votre aveu ſa pudeur eſt bleſſée.
Elle a fui des diſcours qui l'ont embaraſſée :
Elle veut dérober ſes tranſports à mes yeux.

CHŒUR.

Au Dieu d'amour livrez votre ame,
Le plaiſir naît de ſes ardeurs ;
Qu'il triomphe, qu'il vous enflâme,
Qu'il enchaîne à jamais vos cœurs.

FIN DU PREMIER ACTE.

ACTE II.

SCENE PREMIERE.

LE CARNAVAL.

SOUS les loix de l'Hymen je me range sans
      peine,
Mon cœur y trouve des appas.
Dieu du vin, n'en murmure pas,
Tu dois t'applaudir de ma chaîne.
Les doux plaisirs qu'il prépare pour moi,
Mettront le comble à ta victoire;
Les fruits de mon hymen ne naîtront que pour toi,
Bacchus, je les voue à ta gloire.

SCENE II.

LE CARNAVAL ET LA FOLIE.

LE CARNAVAL.

ENfin la Beauté que j'adore,
Va s'unir avec moi par les nœuds les plus doux.
L'Hymen va foulager le feu qui nous dévore;
Que nous ferons d'heureux époux!

LA FOLIE.

Nous ne le fommes pas encore.

LE CARNAVAL.

Plutus & la Jeuneffe approuvent mon ardeur;
Quel autre peut encor me nuire?

LA FOLIE.

Moi.

LE CARNAVAL.

Vous?

LA FOLIE.

J'allois fans eux faire votre bonheur
Leur aveu vient de le détruire.

LE CARNAVAL.

Vous voulez rire.

LA

LA FOLIE.

Non, non, apprenez une fois
A connoître mieux la Folie ;
Je ne suis point soumise aux loix
De ceux qui m'ont donné la vie ,
Le contraire de leur envie ,
Détermine toujours mon choix.

LE CARNAVAL.

Sont-ce-là les plaisirs où l'hymen me convie ?

LA FOLIE.

Cet hymen , ces plaisirs ne sont plus de saison.

LE CARNAVAL.

Quoi! Vous changez, perfide! Et par quelle injustice?

LA FOLIE.

Je vous aimois sans raison,
Et je change par caprice.

LE CARNAVAL.

Ciel, me reserviez-vous à ce cruel supplice ?

LA FOLIE.

J'entends votre cœur soupirer
De l'excès de votre martyre ?
Goutez, si vous voulez , le plaisir d'en pleurer ;
Mais, laissez-moi celui d'en rire.

D

LE CARNAVAL.

Non, non, n'esperez pas jouir de mes douleurs.

LA FOLIE.

Ne cachez point les allarmes
Que vous cauſent mes rigueurs :
Verſez du moins quelques pleurs,
Pour la gloire de mes charmes.

LE CARNAVAL.

Non, non, n'esperez pas jouir de mes douleurs.
Je dégage mon cœur, & je vous rends le vôtre,
Ce n'eſt plus qu'au dépit que je veux me livrer.
Amour, ceſſe de m'aſſurer
Que nous étions faits l'un pour l'autre.

LA FOLIE.

Vous pouvez éprouver le charme
Des ondes dont ce fleuve arroſe ces côteaux :
Ne croyez pas que votre oubli m'allarme,
Ma beauté me promet mille eſclaves nouveaux.

LE CARNAVAL.

Vous ſerez contente, inhumaine,
J'éteindrai tous les feux dont mon cœur eſt rempli ;
Indigne d'amour & de haine,
Vous ne meritez que l'oubli.

Fuyons, fouffrons enfin que la raifon me guide.
Je vais loin de vos yeux brifer d'indignes fers :
     Je vais entre nous deux , perfide ,
     Mettre tout l'efpace des mers.

Il fort.

L A   F O L I E.

Ah ! N'ayons pas l'affront que l'on me quitte.
Neptune , tu me dois l'hommage des mortels ;
C'eft moi qui par leurs mains ai dreffé tes autels ,
     Refufe ton onde à fa fuite.

La mer fe fouleve & les vents grondent.

L A   F O L I E.

Vous voyez mon pouvoir ; tous les vents furieux
     Ont troublé le repos de l'onde ,
     La terre tremble , le ciel gronde ,
     Les flots s'élevent jufqu'aux cieux.
CHŒUR de gens qui font naufrage.
Ciel ! Jufte ciel !

L A   F O L I E.

     Quels malheureux périffent ?
     CHŒUR derriere le Théâtre.
Mille abîmes profonds s'offrent à nos regards ;
Les ondes & la mort entrent de toutes parts :
Dieux ! O Dieux ! Que nos cris , que nos vœux vous
     fléchiffent !
Plufieurs Matelots defcendent d'un vaiffeau échoué.

SCENE III.

LA FOLIE, LE CARNAVAL,
LE CHEF DES MATELOTS,
ET LES CHŒURS.

LA FOLIE AU CARNAVAL.

CE font mes favoris que vous voyez venir ;
L'orage fur ces bords les contraint de defcendre :
Ne vous éloignez pas , ils pourront vous apprendre
A perdre un trifte fouvenir.

LE CHEF DES MATELOTS.

Nos compagnons victimes de l'orage ,
Ont fouffert à nos yeux un trépas plein d'horreurs ;
Privez aux fond des eaux des funebres honneurs ,
Leurs mânes vont errer fur le fatal rivage :
Ne nous expofons plus à de pareils malheurs.

CHŒURS.

Que les vents , loin de nous , exercent leur ravage ;
Evitons à jamais les écueils & l'orage :

On danfe.

LE CHEF DES MATELOTS,
ET LE Chœur.

Embarquons-nous, tout rit à nos défirs.
Le vent propice nous feconde,
La Fortune & tous les plaifirs.
Nous attendent au bout du monde.

LA FOLIE.

Arrêtez, ingrats, arrêtez ;
Et du moins en partant, rendez moi votre hommage.
C'eft moi qui trace l'image
Des biens & des plaifirs que vous vous promettez,
Et votre efpoir eft mon ouvrage.
Arrêtez, ingrats, arrêtez,
Et du moins en partant, rendez-moi votre hommage.

*Les matelots lui rendent leur hommage. Elle les touche de
fa marotte ; ce qui leur donne une nouvelle ardeur.*

On danfe.

LA FOLIE.

L'orage en amour préfage un doux fort,
Le plus cher des plaifirs vous attend au port.

Un beau jour s'apprête,
Tout fert vos défirs ;
Voyez la tempête
Céder aux zéphirs.

L'orage en amour préfage un doux fort,
Le plus cher des plaifirs vous attend au port.
Paffez au rivage
L'hyver de vos ans,
Craignez moins l'orage
Dans votre printems ;
Voguez en paix, & bravez la rage
Des flots & des vents.

L'orage en amour préfage un doux fort,
Le plus cher des plaifirs vous attend au port.

On danfe.

LA FOLIE ET LE CHŒUR.

Vents qui ne troublez point les flots
Regnez fur les humides plaines :
Fuyez, vents orageux, laiffez l'onde en repos ;
Eole, refferre leurs chaînes.

Les Matelots fe rembarquent.

S C E N E   I V.

LE CARNAVAL ET LA FOLIE.

LE CARNAVAL.

LA raiſon contre vous n'a que de foibles armes,
Je ne puis vaincre mon ardeur ;
Les efforts que je fais pour oublier vos charmes,
Les gravent encor mieux dans le fond de mon cœur.
Il eſt tems qu'à mes feux votre caprice céde ,
Commencez mes plaiſirs , & terminez mes maux.

LA FOLIE.

Je vous laiſſe avec le remede,
Vos yeux vous ont appris le pouvoir de ces eaux.

SCENE V.

LE CARNAVAL.

Oui, cruelle, il eſt tems que mon dépit éclate;
Puiſons ici l'oubli de mes folles amours;
Mais non, pour oublier l'ingrate,
Le vin eſt le plus ſur ſecours.

Eteins mes feux, briſe ma chaîne;
Dieu du vin, gueri ma langueur :
Verſe, verſe à longs-traits ta charmante liqueur;
Et pour me vanger de ma peine,
Viens noyer l'amour dans mon cœur.

Je vais chercher Momus; je veux qu'à taſſe pleine,
Il m'aide à triompher de mon indigne ardeur.
Bacchus, rends aujourd'hui ma victoire certaine,
Verſe, verſe à longs-traits ta charmante liqueur;
Et pour me vanger de ma peine,
Viens noyer l'Amour dans mon cœur.

FIN DU SECOND ACTE.

ACTE

ACTE III,

Le Théâtre repréfente le palais de la FOLIE.

SCENE PREMIERE.

MOMUS.

De nouveaux tranfports mon ami s'aban-
  donne ;
La table & mes confeils n'ont pû l'en
 garentir ,
Pour fervir fon amour il m'en a fait fortir.
Du moins dans l'emploi qu'il me donne ,
Cherchons de quoi m'en divertir.

Mais , la Déeffe vient.

E

SCENE II.

MOMUS, LA FOLIE.

MOMUS.

CRuelle, à quel tourment
Avez-vous livré votre Amant !

Ce n'eſt plus cet aimable maître
Qui ſçavoit nous inſtruire à noyer nos chagrins :
Au milieu même des feſtins,
Il ſent ſon déſeſpoir s'accroître ;
Le verre lui tombe des mains,
L'Univers va le méconnoître.

LA FOLIE.

Quoi ! Momus.....

MOMUS.

Votre trahiſon
L'a mis dans un trouble effroyable.

LA FOLIE.

Ah ! S'il en perdoit la raiſon ;
Que je le trouverois aimable !

MOMUS.

Si pour vous ſa folie eſt un charme ſi doux,
Il eſt depuis longtems digne de votre flâme :
Le jour qu'il ſoupira pour vous,
La raiſon ſortit de ſon ame.

LA FOLIE.
Cessez donc de plaindre des feux
Qui l'ont débarrassé d'une raison cruelle :
N'est-il pas encor trop heureux,
D'être délivré d'elle ?

MOMUS.
Insultez-vous encor à son trouble amoureux ?

LA FOLIE.
La raison pour un cœur n'est qu'un bien rigoureux,
Et sa perte est un doux dommage ;
Vous-même, seriez-vous heureux,
Si vous étiez plus sage ?

MOMUS.
Quittons des détours superflus,
C'est assez éprouver votre ame :
Si vous m'aviez paru trop sensible à sa flâme,
Je vous aurois caché qu'il ne vous aime plus.
LA FOLIE.
Quoi !

MOMUS.
De son cœur l'amour n'est plus le maître,
Ces eaux que vous même.....
LA FOLIE.
Ah Le traître !

MOMUS.
Elles ont fini son tourment.

L A   F O L I E.

Jufte ciel ! Puis-je croire un fi grand changement ?

M O M U S.

L'oubli fuccéde aux feux que vous aviez fait naître ;
Affranchis déformais d'amour & de chagrin,
Nous pourrons du foir au matin ,
Boire à longs traits , chanter & rire :
Belles , le verre en main , nous braverons vos coups,
Et nous ne fongerons à vous ,
Que pour le plaifir d'en médire.

L A   F O L I E.

C'en eft donc fait , tu n'es plus fous ma loi,
Ingrat, tous tes fermens font autant de parjures ;
Si j'avois outragé ta foi,
Qui t'empêchoit, cruel, d'éclater en murmures ?
Il falloit m'accabler d injures,
C'auroit été du moins te fouvenir de moi.

Je ne me connois plus dans ma douleur profonde ;
Que tout fente avec moi mes déplaifirs cruels ;
Abandonnons le foin du monde ,
A la trifte raifon livrons tous les mortels.
Déchirons, déchirons le voile falutaire
Qu'audevant de leurs yeux je déployois toujours ;
Et que privés de mon fecours ,
Ils fentent, comme moi, l'excèsde leur mifere.

Elle jette fa marotte.

Vous, allez sceptre vain, dont j'impose mes loix,
Vous n'êtes plus pour moi qu'un inutile poids ;
Que sert tout cet éclat, que sert mon rang suprême,
Quand l'ingrat que j'aimois m'ose sacrifier ?
     Ah ! Puisqu'il a pû m'oublier,
     Je voudrois m'oublier moi-même !

*   Elle se laisse tomber.*

M O M U S.

*   Prenant la marotte de la Folie.*

Cet ornement peut servir mes désirs ;
Mais, j'ai pitié du trouble où son ame se livre.
     Vous, qu'elle a choisis pour la suivre,
Venez, & par vos chants calmez ses déplaisirs.

S C E N E   I I I.

M O M U S, L A F O L I E, & sa Suite

qui arrive en dansant.

C H Œ U R *des Suivantes de la* F O L I E.

Craignez de vous faire
Un triste destin ;
Si vous voulez plaire,
Chassez le chagrin :

Dès que l'on s'y livre
On perd ses appas ;
Eh ,qui voudroit suivre
Désormais vos pas ?
Fût-il doux de vivre ,
Quand on ne plaît pas ?

On danse.

L A   F O L I E se relevant.

Quoi ! Je verrois mes attraits s'effacer ?
Non, non, à ma douleur j'aime mieux renoncer.

L A   F O L I E   E T   L E   C H Œ U R.

Qu'en ces lieux chacun chante ;
Que l'écho chante avec nous.

Tout nous rit , tout nous enchante ;
Goutons les biens les plus doux.

Heureux un cœur qui s'oublie !
Devenons encor plus foux ;
De notre aimable folie ,
Rendons les sages jaloux.

Le fond du Théâtre s'ouvre , & laisse voir un salon rempli de Musiciens, auxquels un Maître de Musique bat la mesure : il paroît en même tems un Professeur de F O L I E , suivi de plusieurs Ecoliers.

LE PROFESSEUR DE FOLIE.

S *On Professor di pazzia,*
Volate, Scholari,
Sarete Dottori ,
Nell'arte d'all'egria.

LE CHŒUR de la suite de la FOLIE, repete

Volate , &c.

LE PROFESSEUR, donnant un papier
de musique à un Musicien.

Cantate , cantate.

Il chante avec l'Écolier.

Amorosi , sospiri
Son, il canto di cuori.

LE PROFESSEUR.

E la Prima lettione :
La Secunda , ballate.

Un Danseur & une Danseuse , dansent autour de lui.

LE PROFESSEUR, à un Poëte.

La Terza , rimate.

LE POETE, en rêvant.

L'ardore ,
D'Amore.

LE PROFESSEUR.

Bene , bene.

LE POETE.

L'Ardore,

D'Amore...

E goia d'el cuore.

LE PROFESSEUR.

Bene, bene, bene,

Cantate, ballate, rimate.

E d'ella pazzia la perfettione,

LE CHŒUR repete *Cantate,* &c.

On danse.

LE MUSICIEN ET LE CHŒUR.

Amour, fais nous reſſentir tes feux,

Triomphe, triomphe, viens nous rendre heureux.

Que tes faveurs ſoient pour les plus foux.

Fuyez, Vieilleſſe,

Fuyez, Sageſſe,

Nos tendres plaiſirs ne ſont pas faits pour vous.

Amour, fais nous reſſentir tes feux,

Triomphe, triomphe, viens nous rendre heureux.

Puni les cruelles

Et les inconſtans;

Attendri les belles,

Fixe les amans;

Qu'ils ſoient tous fidelles,

Qu'ils ſoient tous contens.

Amour, &c.   *On danse.*

LA FOLIE.

Venez porter ailleurs votre réjouiſſance,

Le changement de lieux plaît à mon inconſtance.

SCENE

SCENE IV.

MOMUS, LE CARNAVAL.

LE CARNAVAL.

Qu'apprendrai-je, Momus, de l'objet de mes
vœux ?

MOMUS.

Je viens d'en triompher fans peine,
L'amour a dans fon cœur fait naître mille feux :
Et pour éternifer fa chaîne,
Elle veut que l'Hymen y joigne encor fes nœuds.

LE CARNAVAL.

Ah Momus! Cher Momus, que tu me rends heureux!

MOMUS.

Du nouvel amour qui l'engage,
Elle fuivra toujours la loi :
Son cœur déformais moins volage,
M'a promis de n'aimer que moi.

LE CARNAVAL.

Qui vous ?

MOMUS *en montrant la marotte.*

Reconnoiffez ce gage de fa foi.

LE CARNAVAL.

O ciel !   F

M O M U S.

Epargnez-vous une plainte frivole,
Que le Dieu du vin vous console;
Du cœur d'une ingrate beauté:
Que pour ce Dieu charmant votre ardeur se réveille;
Venez, courez au vin que vous avez quitté;
Vous trouverez au fond de la bouteille,
Le repos & la liberté.

Il sort.

LE CARNAVAL.

Le suivrai-je?... Mais quoi! Laisser une volage
S'applaudir en repos de m'oser outrager?
Non, il faut la punir; c'est meriter l'outrage
Que de n'oser pas s'en vanger.
Toi, sombre & triste Hyver, Divinité puissante,
Si jamais sur tes pas j'ai conduit les plaisirs;
Si par mes soins ton régne enchante,
Plus que le régne heureux de Flore & des Zéphirs:
Reconnois mes faveurs, au gré de mes désirs,
Rends aujourd'hui ma vangeance éclatante.

Volez, volez rapides Aquilons,
Faites sur ce palais les effets de la foudre;
Qu'il se brise, qu'il tombe en poudre:
Elevez en ces lieux d'horribles tourbillons.

Les vents brisent les ornemens du Palais.

FIN DU TROISIÉME ACTE.

ACTE IV.

Le Théâtre repréſente les Jardins de PLUTUS, & de LA JEUNESSE, ravagés par les vents.

SCENE PREMIERE.
LA FOLIE.

MON Amant dans mes fers eſt toujours arrêté,
Au trouble de ces lieux je vois trop qu'il
m'adore :
Malgré le ſecours du Lethé,
Puiſqu'il ſe vange, il m'aime encore.

Quel triomphe pour mes attraits !
Ah ! Que ſa vangeance m'enchante !
L'air mugiſſant, l'onde grondante,
Les arbres arrachez dans le ſein des forêts ;
Les rochers renverſez, & la terre tremblante :
Ah ! Que ſa vangeance m'enchante !
Quel triomphe pour mes attraits !

F ij

SCENE II.

LE CARNAVAL, LA FOLIE.

LA FOLIE.

LA guerre qu'en ces lieux les vents ont déclarée,
Est donc l'effet de vos transports ?
En croirons-nous l'impétueux Borée ?
Il jure qu'il vous sert, en ravageant ces bords.

LE CARNAVAL.

N'en doutez point; il vange un amour qu'on outrage.

LA FOLIE.

Quoi ! Vous m'aimez encore ?

LE CARNAVAL.

Eh ! Puis-je vous haïr ?
Vainement je m'excite à la haine, à la rage ;
Ce cœur, ce lâche cœur ne sçauroit m'obéir.

Bacchus me fuit, & Comus m'abandonne ;
Silene rit de mes vœux superflus :
Moi-même je m'oublie, & ne m'enyvre plus,
Que d'un amour qui m'empoisonne.

LA FOLIE.

Que vos transports charment mes yeux !

LE CARNAVAL.

Faut-il ne les fentir que pour une infidelle !
Perfide, reconnois les lieux
Où tu m'avois promis une ardeur éternelle.

La Folie s'affeoit, & s'affoupit au récit fuivant.

Tu vois parmi les fleurs, cette eau fuivre fon cours,
Nos foupirs s'y mêloient au murmure de l'onde ;
Regarde ces fombres détours,
Nos amours y croiffoient dans une paix profonde.

Ces arbres, ces rochers font témoins de ta foi ;
Dans ce lieu même où mon amour te bleffe,
Mille fois les échos m'ont redit, après toi,
Je jure de t'aimer fans ceffe.

LA FOLIE.

Plaignez toujours ainfi la rigueur de vos maux.
Non, le fommeil n'a point de fi puiffants pavots ;
C'eft vainement que mes yeux s'en défendent,
Les Aquilons m'ont ôté le repos,
Vos tendres plaintes me le rendent.

LE CARNAVAL.

Ciel ! Quel eft donc pour moi ce mépris obftiné ?
Vous ajoutez encor l'outrage à vos parjures.

LA FOLIE.

Pourquoi m'éveillez-vous ? Contraignez vos mur-
    mures ;
Respectez le repos que vous m'avez donné.

LE CARNAVAL.

C'en est trop , Déesse inhumaine,
Craignez le désespoir où vous m'avez jetté ;
De mille affreux transports mon cœur est agité ,
Et la rage y confond & l'amour & la haîne.

LA FOLIE.

Est-ce donc là l'effet qu'a produit le Léthé ?
Ses eaux n'ont pas éteint l'ardeur qui vous posséde :
Mes traits de votre cœur ne sont pas effacez ?
L'eau vous est un fâcheux remede ,
Vous n'en aurez pas pris assez.

LE CARNAVAL.

Ah ! Chaque mot accroît le couroux qui m'entraîne!

LA FOLIE.

Il faut aux amans plus d'un jour ,
Pour briser une aimable chaîne :
Et l'oubli ne prend pas sans peine ,
La place d'un premier amour.

LE CARNAVAL.

Perfide , vous avez éprouvé le contraire ,
En moins d'un jour vos feux se sont éteints.

Momus paroit.

Et voilà déformais le Dieu qui sçait vous plaire.

LA FOLIE.

Ciel! Qui peut avoir mis mon fceptre dans fes mains?

SCENE III.

LA FOLIE, LE CARNAVAL, ET MOMUS.

LA FOLIE reprenant fa marotte.

Quittez cet ornement que je tiens des deftins,
Et par qui tout fe range à mon obéiffance ;
Quoi ! Vouliez-vous fur les humains,
Exercer ma puiffance ?

LE CARNAVAL.

Eh ! N'eft-ce pas de vous que Momus en ce jour,
A reçû ce gage d'amour ?

MOMUS.

Je vous ai trompé l'un & l'autre :
Mais, c'eft affez jouir de fon trouble & du vôtre.
Nous n'aurons plus de regrets à former,
Et chacun a fuivi le penchant qui l'infpire :
Le votre étoit de vous aimer.
Le mien étoit d'en rire.

SCENE IV.

PLUTUS, LA JEUNESSE, LE CARNAVAL, LA FOLIE ET MOMUS.

PLUTUS ET LA JEUNESSE.

Dieu cruel, fuyez de ces lieux ;
N'êtes-vous pas content de cet affreux ravage ;
Fuyez, n'offrez plus à nos yeux,
Un ennemi qui nous outrage.

LE CARNAVAL.

Ah ! Pardonnez l'effet d'un tranſport amoureux.

PLUTUS ET LA JEUNESSE.

Non, non, perdez toute eſperance ;
Allez porter ailleurs votre rage & vos vœux :
Nous ne voudrons jamais, après ce trouble affreux,
D'une ſi funeſte alliance.

LA FOLIE.

Vous ne le voulez plus ?

PLUTUS ET LA JEUNESSE.

Non.

LA FOLIE.

Et moi je le veux.

Pour

Pour couronner sa flâme,
Et trouver nos liens charmans,
Voilà les sentimens
Où j'attendois votre ame.

On entend une simphonie ; Jupiter descend sur des nuages
avec Venus , Bacchus, & Mercure.

PLUTUS & la JEUNESSE.

Mais, quels nouveaux concerts, & quels brillants
nuages !
Les Dieux de leur présence honorent ces rivages.

SCENE DERNIERE.

JUPITER, VENUS, BACCHUS, MERCURE,
Et les Acteurs de la Scene précédente.

JUPITER à PLUTUS *& à la* JEUNESSE.

NE combattez plus leurs désirs ;
Le sort veut que l'hymen & l'amour les unissent :
Et qu'à ce nœud charmant, par de nouveaux plaisirs,
Le ciel & la terre applaudissent.
Que ce jardin se change en un palais pompeux ;
Qu'un trône s'éleve pour eux ,
Qu'ils y goutent en paix une douce victoire.

Le Théâtre représente le palais du Carnaval.

G

V E N U S.

Volez amours, volez aimables jeux,
Venez combler nos plaifirs & leur gloire.

JUPITER ET VENUS.

Vous, mortels, accourez : tout ici vous engage
A célébrer de fi beaux nœuds ;
Que vos plaifirs foient votre hommage,
Le fort ne les unit que pour vous rendre heureux.

DIFFERENTS peuples viennent rendre hommage au CARNAVAL : Ils prennent de fa main, des mafques, & de celle de la FOLIE , des marottes ; & reviennent mafquez fe placer fur des gradins.

On danfe.

C H Œ U R.

Raffemblons-nous, danfons, folâtrons, chantons
tous.
Célébrons par nos chants une chaîne fi belle :
Que leur flâme foit éternelle ;
Ah ! Quel bonheur & pour eux & pour nous !

UNE PERSONNE DE LA FESTE.

Regnez charmans plaifirs, regnez dans ces climats,
Banniffez la raifon, recevez notre hommage,
Les Mortels & les Dieux fuivent par tout vos pas ;

Vous enchaînez le tems aux pieds de votre image,
Vous suspendez son funeste ravage,
Et les belles par vous, renouvellent d'appas.

FIN.

APPROBATION.

J'Ai lû par ordre de Monseigneur le Chancelier, une Nouvelle réimpression du Ballet, intitulé *l. Carnaval & la Folie*. à Versailles, ce quatre Juin 1755.

DEMONCR...